A la recherche du temps perdu

追寻 逝去的时光

精华读本

本册摘录了《去斯万家那边》《在少女花影下》《女囚》中的一些主线情节段落和精华段落。为使读者快速了解《追寻逝去的时光》的主线剧情，体味其独特的语言风格，部分段落有删减。

去斯万家那边

有很长一段时间，我早早就上床了。有时，刚吹灭蜡烛，眼皮就合上了，甚至没来得及转一下念头："我要睡着了。"但过了半小时，我突然想起这是该睡觉的时候呀，于是就醒了。

当我像这样醒来的时候，我的思绪非常活跃，枉然地想弄清楚这是在哪儿，一切的一切，事物，地域，岁月，都在黑暗中围绕我旋转。压麻了的半边身子，试图猜出它所在的方位，比如说，想象这是冲着墙躺在一张有盖顶的大床上，于是我马上会想："这不，妈妈没来跟我说晚安，可我还是睡着了。"这是在外公乡下的家里，他已经死了好几年了；而我的身体，压在床上的一边，却把那些岁月忠实地保存在那儿，让我看见天花板上用细链悬着的、有波希米亚玻璃灯罩的壶状通宵灯的火苗，回想起我在贡布雷外公外婆家卧室里的那座锡耶纳大理石的壁炉，此刻浮现在我眼前的这些遥远的情景，一下子看不很真切，但待会儿我完全醒过来了，会看得清楚的。

我把夜的绝大部分时间，用来回想往日。

在贡布雷的时候，晚餐过去了，眼看快要下雨，所有的人就都回到小客厅。这所有的人中不包括外婆，她觉得“在乡下还关在屋子里，那真是可悲呀”。不管天气如何，哪怕外面下着倾盆大雨，她也要到花园里去。弗朗索瓦兹冒着雨，忙不迭地将那几把珍贵的柳条椅搬进屋，生怕它们淋湿，可外婆依然待在空空荡荡、骤雨抽打的花园里，撩起蓬乱、灰白的发绺，昂首接受风雨的洗礼。她大声说着：“啊，总算可以透口气了！”在泥泞的小径上一路小跑——按她的趣味，新来的园丁把这些小径安排得过于对称了；就这么个对大自然缺乏感觉的园丁，我父亲却从早晨起就开始向他咨询天气会不会转好——她兴致很高，连蹦带跳，节奏的律动取决于不同的心灵反应：狂风骤雨的刺激，健身锻炼的益处，我所受教育的愚蠢，花园布局的呆板；至于那条紫色的长裙，她可没想到应该当心别溅上泥浆，她的心思根本没在这上头，结果泥浆总是越溅越高，给她的女仆留下绝望和无奈。为了逗逗她，我姑婆朝她喊道：“芭蒂尔德！快来呀，你丈夫要喝白兰地了！”

到后来大家都没心没肺地当作了笑资，一个个开开心心地加入到作弄者的行列，还浑不以为是在作弄人；我当时气得要命，恨不得去打姑婆几下。可是，等我成了个男子汉，一听到“芭蒂尔德，快来呀，你丈夫要喝白兰地了！”的喊声，我反而变得懦怯了；也就是说，见到苦难和不平，我的做法就会跟每个成年男子一样：闭上眼不去看它们。我爬到屋子顶层，躲在书房隔壁的一个小间里暗自抽泣，里面有股鸢尾花香，还有一株野生的黑茶藨子树从石墙的缝隙里钻出来，将一条花枝探进半开的窗户，留下它的芬芳。

我上楼去睡觉时，心中感到的唯一安慰，就是躺上床以后，妈妈会来吻我跟我说晚安。可是这当口，尽管晚餐铃声还没响，外公却在无意中说了句很残忍的话：“小家伙看样子困了，该上去睡觉了。再说今晚开饭也晚喽。”父亲本来就不像外婆和母亲那样守信用，他也说：“对，去吧，睡觉去。”我想去亲亲妈妈，可就在这时候，开饭的铃声响了。“好啦，行了，别去缠妈妈了，你不是已经道过晚安了吗，再来一遍多可笑。行了，上楼去！”于是我只好孤苦无告地离开餐厅；每跨一级楼梯，我心里就像俗话说的那样，一百二十个不情愿，我多想回到妈妈身边去啊，因为她还没亲过我，还没让我的心得到随我上楼的许可。我写了封信给母亲，央求她上楼来一下，有件很要紧的事情不能在信上说。

我心头怦怦直跳，每一分钟都变得比前一分钟更痛苦，因为我越是要强迫自己平静下来接受这不幸，就越是激动和烦躁。突然间，我的焦虑消释了，一股幸福感向我袭来，就像一种强效的药剂开始起作用，很快祛除了我们的病痛：我下了决心，不见到妈妈不睡觉，等她上楼睡觉的时候，我无论如何要去吻她一下，哪怕事后她肯定会有好长一段时间不理我，我也要这么做。焦虑消除过后的这种平静，使我处于一种异常欣悦的状态，其强烈的程度，堪与先前的等待、渴求以及临危的恐惧感相比。我悄悄打开窗子，坐在床脚跟前，几乎不敢动，生怕下面听见我的声音。窗外的景物，仿佛也凝固在一种默默的等待之中，唯恐惊扰了月亮的清辉。

我悄没声儿地走进过道，心怦怦直跳，几乎连步子都迈不开，但至少这不再是焦躁不安的心跳，而是由于过于兴奋的缘故。我看见楼梯口射上来蜡烛的火光。随后我看见了妈妈，我扑上前去。她先是一愣，惊异地望着我，不明白这是怎么回事。而后她脸上显出怒容，一句话也不对我说，实际上她为了更小的事情，也会好几天不理我。要是妈妈对我说一句话，这固然是理我了，但也许是更可怕的征兆，预示着即将来临的惩罚异常严厉，跟它相比，不理也好，生气也好，都是无足轻重的了。她若说一句话，语气一定会像她已经决定辞退一个仆人，回答他的问话时那么冷静；一个母亲送儿子去服兵役时会跟他吻别，若她只想跟儿子怄两三天气，是不会吻他的。这时，妈妈听见爸爸换好衣服出更衣室上楼来了，她不想看我挨爸爸的训斥，又气又急地冲我说：“快跑，快跑，你像个疯子似的等在这儿，爸爸看见还了得！”可我一个劲儿地说：“来跟我说声晚安吧。”同时惊恐地看着父亲的烛光正在沿着墙壁升上来。这时，我不由得把父亲上楼当作一种要挟的手段，要让妈妈知道她再不答应我，父亲就会发现我待在过道上，指望她为了避免发生这种情况，会软下来对我说：“你先回卧室去，我待会儿来。”但是太晚了，父亲已经站在了我们面前。我脱口而出，嘀咕了谁也没听见的这么一句：“这下完了！”

那已经是好多年以前的事了，贡布雷，除了与我的睡觉有关的场景和细节之外，在我心中早已不复存在。但有一年冬天，我回到家里，妈妈见我浑身发冷，说还是让人给我煮点茶吧，虽说平时我没有喝茶的习惯。我起先不要，后来不知怎么一来改变了主意。她让人端上一块点心，这种名叫小玛德莱娜的、小小的、圆嘟嘟的甜点心，那模样就像用扇贝壳瓣的凹槽做模子烤出来的。天色阴沉，看上去第二天也放不了晴，我心情压抑，随手掰了一块小玛德莱娜浸在茶里，下意识地舀起一小匙茶送到嘴边。可就在这一匙混有点心屑的热茶碰到上颚的一瞬间，我冷不丁打了个颤，注意到自己身上正在发生奇异的变化。我感受到一种美妙的愉悦感，它无依无傍，倏然而至，其中的原由让人无法参透。这种愉悦感，顿时使我觉得人生的悲欢离合算不了什么，人生的苦难也无须萦怀，人生的短促更是幻觉而已。我就像坠入了情网，周身上下充盈着一股精气神：或者确切地说，这股精气神并非在我身上，它就是我，我不再觉得自己平庸、凡俗、微不足道了。如此强烈的快感，是从哪儿来的呢？我觉着它跟茶和点心的味道有关联，但又远远超越于这味道之上，两者是不能同日而语的。它究竟从何而来？它意味着什么？怎样才能把握它、领悟它？我喝了第二口，没觉得跟第一口有什么不同，再喝第三口，感觉就不如第二口了。该停一下了，这茶的美妙之处似乎在消减。很清楚，我要找的个中真谛并不在茶里面，而是在我自身里面。这热茶唤醒了它，但我还不认识它，于是只能一次又一次、劲道随之减弱地重复这一现象。我不知道怎么说明这一现象，只能希望同样的感觉至少再有一次毫不走样地重现，即刻被我攫住，得出一个明确的解释。我放下茶杯，让思绪转向自己的心灵。只有在内心才能找到真谛。可是怎么找呢？心灵是个探索者，同时又正是它所要探索的那片未知疆土本身，它的本领在那儿根本无法施展；我没有丝毫把握，总觉得心有余而力不足。只是探索吗？不仅如此：还得创造。它所面对的，是某种尚未成形、唯有它才能了解并阐明的东西。

贡布雷教堂的彩绘玻璃窗，愈是阳光不足的日子，愈是显得绚丽多彩，以致逢到外面天阴的时候，我总料定教堂里是光灿灿的。

有一扇彩绘大玻璃窗，整个儿只画了一个纸牌里国王模样的人物，他就在那上面待着，头上是教堂建筑的拱盖，一副顶天立地的架势；另一扇彩绘大玻璃窗上，画着一座粉红色的雪山，山下是打仗的场面，积雪仿佛把彩绘玻璃给冻住了，雾凇也似的雪子使彩绘玻璃变得胖鼓鼓的，宛如普通房舍的玻璃窗上结满雪花，被晨曦照得发亮的模样（想必也正是这晨曦，给祭坛后面的彩屏抹上了一层分外娇艳的颜色，看上去仿佛那色彩并不是石料装饰屏上所固有的，而是由教堂外面行将收敛的晨光临时染上的）。所有这些彩绘玻璃窗，都已年代悠远，随处可以见到历经世纪沧桑的积尘，在荧光烁烁地显示着它们的年岁，由一扇扇彩绘玻璃窗织成的这幅美妙的挂毯，的确光亮灿烂，但也磨勚到了经纬毕露的地步。

只见这排彩绘玻璃迸射出孔雀开屏般色彩缤纷的亮光，颤颤悠悠地波动起来，形成一道火红的奇异的雨帘，从幽暗的石头拱顶，沿着潮湿的墙壁往下流淌，仿佛我正置身于怪石嶙峋、虹光闪动的大岩洞里，跟随着手捧祈祷书的父母在洞穴的平地上往前走；俄顷，那些菱形小格玻璃都变得异样的清澈透明，有如并排镶嵌在一副硕大无朋的古罗马胸甲上的蓝宝石，显得坚硬无比，然而在它们背后，你又可以感觉到有一样比所有这些奇珍异宝更可爱的东西，那就是偶尔亮出的太阳的笑脸。

外婆让我别老待在屋里，哪怕天气燠热得眼看就要变天，哪怕暴风骤起或阵雨飘然降临，她总是劝我出去活动活动。我放不下手上的书，就是到了花园，也还继续往下读；大栗树下有个用草帘和帆布遮荫的凉棚，我捧着书坐在凉棚最里面，觉得这样一来，就会消失在那些拜访父母的来客眼皮底下了。我的思想难道不也像这样一个所在，我置身其中观察外界发生的事情，不也会感觉到自己仿佛消失了吗?

我发现了另一种乐趣，那就是安静地坐着吮吸空气中的馨香，不受任何来客打扰的乐趣；每当圣伊莱尔教堂钟敲整点，眼看着下午的时光在一声声钟响中流淌，最后听见那下可用以累计总数的钟声之时，我也总能感觉到这种乐趣，随后那段长长的静谧，仿佛标志着蓝天保留给我看书的那个时段的起始，它让我能把手中的书一直读下去，直到弗朗索瓦兹准备好可口的晚餐，把跟书中人物同命运共呼吸的我从紧张和疲劳中解脱出来。每小时钟响，我都觉得上次的钟声离此刻也才一会儿工夫；这次的钟声，在天空中紧挨在上次的钟声边上，我简直没法相信，这两根金色刻度之间小小的一角蓝弧，居然能容纳下整整六十分钟。有时候时间不知不觉地过去，钟声比上一次多敲了两下；这就是说，有一次敲钟我没有听见，一件明明发生过的事情，对我来说竟然没有发生；阅读的兴味，有如沉睡一般美妙，竟然把我的耳朵变得迷迷糊糊，把宁静的蓝空中金灿灿的大钟也抹去了。在贡布雷花园大栗树下度过的美好的星期天下午呵，我细心地摈除了所有的日常琐事，让自己置身于一个有活水流淌的异国他乡，用冒险的生活和奇妙的憧憬来充实你们这些下午。现在每当我想起你们，种种冒险生活就又浮现在眼前，原来你们保存着这些生活，一点一点地勾勒出它们的轮廓——在我一页页读着手边的书，夏日的炎热也渐渐消退之际——让它们慢慢地变幻，穿越树叶斑驳的光影，穿越你们静谧得唯有天籁可闻、芬芳而透明的一个又一个小时，相继凝聚在莹润的水晶里。

这时，厨房里已经开始打理晚餐，弗朗索瓦兹支配着自然之力，它们成了她的下手，犹如梦幻剧中的巨人装扮成了厨师，砸煤生火，给待煮的土豆提供蒸汽，让一道道主菜火候恰到好处，这些美味佳肴事先作过精心加工，在形形色色的大缸小缸、大锅小锅、长方形鱼锅、制糕点模具、炖野味罐钵乃至小巧玲珑的奶油壶里经受过洗礼，其间还使用过大大小小各种尺寸的整套平底锅。料理台前，帮厨女工刚剥出来的豌豆，小小的豆粒排在一起，好似台球桌上绿色的台球；那些云青似染、粉红如洇的芦笋，穗状花序纤细地描出浅紫和天蓝，而后色彩渐次呈现直至根部——根上还带有植株的泥土呢——犹如人间不应有的虹彩。这些来自天际的色彩变幻，依稀让人看见一群可爱的小精灵，为取乐而变成蔬菜。透过它们新鲜可口的茎叶的伪装，在晨曦微露、彩虹初现、夜色由蓝转黑的光色嬗变中，可以瞥见那珍贵的精华。这时弗朗索瓦兹正在一根铁扦上烤她的母鸡，只有她才知道怎样把母鸡烤得恰到好处，因此她的美名也就随着这些母鸡香飘贡布雷了。

在少女花影下

我放弃了外交官的前程，选择了文学，母亲很担心。“你就别管了，”父亲大声说，“干什么事都得有兴趣才行。再说，他已经不是小孩子。他知道自己的兴趣是什么，不会再改了，他应该明白怎样才能生活得舒心而有意义。”以后生活得舒心不舒心，先不去管它，反正父亲让我自己做主的这番话，当天晚上折腾得我不得安生。尽管这种出乎意外的亲切让我一时激动得想抱住他，吻他胡子上方红润的脸颊，只是怕他不高兴才忍住了。我就好比一个作者，眼看平时浮现脑际的种种思绪，因其尚未脱离自己而显得并无多大价值的种种遐想，竟然要让出版商费神挑选纸张，用说不定过于漂亮的字体来印刷，心里有些惴惴不安；我自问我的写作冲动是否真有那么重要，值得父亲给予这样的关爱。可是，他说我的爱好不会再改变，说我会让自己生活得舒心，却引起我忧心忡忡的两点猜疑。一是父亲这么说，言下之意是（尽管我每天都觉着还站在全新的生活的门槛前面，它将从明天才开始）我的生活已经开始，而且今后的生活不会再有多大改变。第二点其实只是上面一点换了个形式，那就是我已不再置身于时间之外，而是受它制约，有如小说中的人物一样，当我在贡布雷把身子埋在遮阳柳条椅里读小说，关注着那些人物的生活的那会儿，我曾为他们无法挣脱时间的摆布而伤心过。从道理上说，我们知道地球在转动，可事实上我们感觉不到这转动，我们行走时，脚下的地面看上去根本没在动，让人尽可放心。在生活中，时间也正是如此。小说家为了让读者感觉到时间的流逝，非得把时针拨得飞快，叫人在十分钟里过完十年、二十年、三十年不可。在这一页的开头，某人还是个充满憧憬的恋人，可到了下一页的末尾，我们看到他已是八十老翁，在一座养老院的院子里步履蹒跚地散步，往事已不记得，人家的问话也不搭理了。父亲说的我“已经不是孩子，兴趣不会再变”云云，让我一下子觉得自己置身在时间之中，虽然还不是养老院里智能衰退的老人，也已经是那些小说中的主人公，由着作者以漠然（因而更残忍）的口吻在书末告诉读者：“他离开乡间的次数愈来愈少，就在这儿终老了……”

一天邮差来过后，母亲拿来一封信放在我床上，我一看，信末的署名正是吉尔贝特。可我知道，我不可能收到她的信，所以即便看见她的签名，我还是不相信，也不感到喜悦。片刻间，我只觉得周围的一切都变得虚幻了。这个难以置信的签名，以令人眩晕的速度打着转，床啊，壁炉啊，墙壁啊，都跟着一起转圈。看出去所有的东西都在摇晃，就像一个人从马背上摔下时的感觉。我心想也许真有另外一种生活，和我熟悉的生活迥然不同、格格不入，但它是真实的，它蓦然显现在我眼前，将一种踌躇充塞我的脑际，当初雕塑家在《末日审判》中塑造置身天堂门口的死而复生的人时，曾赋予他们这种踌躇的表情。我读这封信时，巨大的幸福降临了。但是我的心灵，也就是我自己，总之这主要的当事人，却还一无所知。这幸福，由吉尔贝特给予的这幸福，是我心心念念想着、时时刻刻念着的东西，我的思想无法一下子吸收它。但从我读完信那一刻起，我就想着它，它成了我思念的对象，我对它充满爱恋，每隔五分钟就会情不自禁地再读一遍，再吻一次。这样，我认识了自己的幸福。

就这样，我随时可以见到吉尔贝特了 —— 心中怀着欣喜，但并不宁静。爱情中是无宁静可言的，原因在于你所得到的永远只是你的欲求的一个新起点而已。爱情中有一种永恒的痛苦，欢乐冲淡了它，使它显得虚缈、遥远，但是它随时有可能以本来的面目狰狞地出现在你面前——要不是你一度得到过你所想望的东西，你早就该看见它了。

我最后一次去看吉尔贝特，正好下雨。她眼里没有半点笑容，嘴角不再漾起一丝笑意，真让人说不出她那忧郁的眼神和阴沉的脸有多么单调，有多么让人扫兴。这张几乎变丑的脸，此刻犹如海水业已退去的落寞乏味的海滩，亘古不变的地平线匝住那片始终一模一样的反光，让你看得发腻。等了好几个钟头，吉尔贝特的脸色总也不见转晴。我一发狠劲，猝然决定以后不再见她。

后来，吉尔贝特带给我的忧伤早就消逝了，可每到五月，当我从那个日晷似的钟面上看到指针指在十二点一刻和一点之间的时候，我的心里充满快乐，斯万夫人站在伞下，宛如在紫藤棚架斑驳的光影中和我交谈的情景，依稀又浮现在眼前。

在那条铺着细沙的小路上，只见姗姗来迟的斯万夫人脚步轻缓地款款而行，犹如只在正午盛开的最美的花儿，周身繁丽的衣饰，色彩每次不同，但我记得最牢的是淡紫色；她举起长长的伞柄，在最为光彩动人的那一刹那，撑开一把宽幅阳伞的绸面，上面是跟长裙上的花瓣同样的颜色。在她周围是一队随从；其中有斯万，还有四五个上午去她府上或是她在路上碰到的俱乐部成员：这支黑灰相间的驯顺队伍，簇拥着奥黛特近乎机械地前行，仿佛一副没有生命的框架将她围在中央往前移动，让人觉得这个唯一目光炯炯的女人正越过这些男人，犹如越过面前的窗户注视着前方，她纤弱而无畏，浑身上下闪耀着柔和的色彩，就像是属于一个不同的、陌生的、尚武的种族，而她就凭此孤身与众多的随从相抗衡。

日出陪伴着我的旅途，就像煮鸡蛋、带插图的报纸、纸牌以及那些河流一样 —— 船在河里使劲往前却始终不动。就在这时，我从车窗看出去，只见黑黝黝的小树林上方，有几片凹形的云朵，柔和的云絮是粉红色的，那是一种凝定的、沉寂的粉红色，仿佛鸟翼羽毛的颜色，或者画家即兴涂在画布上的一抹色彩那样，就此不变了。但是我却感觉到，这片色彩既不呆滞，也不随意，它是势所必然的，充满生机的。不一会儿，只见云彩背后聚集起了大团的光亮。云彩变得鲜艳了，天空呈现出一种浅浅的肉红色，我把脸贴在车窗玻璃上，想看得更清楚些，因为我觉得它和大自然深邃的存在有着一种联系。但是铁路轨道转向了，列车拐了个弯，车窗中的拂晓景色不见了，取而代之的是月光下的村庄蓝蒙蒙的屋顶。在仍然缀满繁星的夜空下，污浊的洗衣池泛着乳白的珠光。我正为那片玫瑰色天空的隐没感到惋惜，却在铁路拐第二个弯，那片天空离弃对面车窗之际，蓦然又见到了它，不过这回是鲜红色的；这景色真是太美了，我禁不住从一边车窗奔到另一边车窗，想把这彤红而多变的清晨一幅又一幅相向而现的图景连缀起来，拼接成一幅完整的连续的图景。

我发着烧，真想好好睡一觉。周围的一切，这个房间，我这个人，仿佛都消失了，剩下的只是团团围住我的敌人，只是沦肌浃髓的热度，我感到孤独，我真想死了算了。这时，外婆进来了；我那颗压抑已久的心顿时绽放了开来，无限广阔的空间一下子敞开在我眼前。

她对我说："夜里你想要什么东西，就敲敲墙壁好了，我的床就靠着你的床，板壁很薄。待会儿你睡到床上，先敲两下，看看咱们是不是听得清楚。"

我鼓起勇气在墙上敲三下，怯生生的，轻悠悠的，同时又是很清晰的，因为虽然我生怕自己万一弄错，在她睡着的时候吵醒了她，可我也不想让她由于一开始没听清楚，而我又不敢再敲，就那么一直等着。我刚敲完三下，马上就听到了另外三下，音调和我的不同，其中自有一种安详的权威意味，敲完一遍又敲一遍，好让我听得更清楚，那意思是说："别急，我听见了；我马上就过来。"

一会儿工夫，外婆就来了。我告诉她我刚才挺怕她没听见，或者以为是哪个邻居在敲。她笑了起来："把我小宝贝的声音跟别人混起来，怎么会呢？就是有一千个人在敲，你外婆也分得出你的声音！你难道以为这世界上还有哪个人，会敲得这么傻呵呵，这么激动，这么既怕吵醒我又怕我听不见的吗？只要听见有轻轻的搔墙声，我马上就会认出这是我的小耗子，况且，这个小耗子又是这么与众不同，这么叫人可怜呢。你还在犹豫，还在床上挪动身子，折腾来折腾去的那会儿，我就已经听见了。"

几星期过后，我上楼时，太阳已经落下去了。就像我在贡布雷散步回家，准备下楼用晚餐时在耶稣受难像上方看到的景象一样，一抹红霞悬在大海上方，海面看上去有如肉冻那般浓稠，稍过一会儿，大海已经变得色泽冷峻，蓝得如同鲻鱼那样，天空则红得就像我们晚上会在里弗贝尔吃到的鲑鱼，我看着眼前的景色，想到一会儿要换装外出去用餐，心情好极了。在大海上面，紧靠着岸边，一层层黑得如烟炱，却又玛瑙般光亮而紧致的雾霭，正在使劲往上升腾，一层高过一层，越来越宽阔，但是这雾气看上去又显得很沉重，已经把它们托上半空的支架，仿佛再也承受不住，最上面的雾层压弯支柱，偏离了支架的重心，整个支架眼看就要倒塌下来，掉进大海。看着一艘轮船有如夜行的旅人那般渐渐远去，我回想起坐在火车车厢里，想要摆脱蒙眬的睡意、不愿被囚在一个房间里的感受。然而在现在的房间里，我并没有被囚禁的感觉，因为一个小时以后，我就要离开它去乘马车了。我合身扑到床上；我仿佛置身不远处驶过的轮船的卧铺上——让我感到惊奇的是，在沉沉的暮色中行驶得那么缓慢的轮船，就像天鹅幽暗的身影静静地在滑行——我只觉得大海的景象团团围住了我。

女　囚

阿尔贝蒂娜在巴黎和我住在同一幢房子里，她的房间跟我相隔不过二十步路，就在走廊尽头，我把她藏起来，不让她见任何人。

两间浴室的窗子，用的都不是光玻璃，而是一种老式的磨砂玻璃，为的是让人从外面瞧不见里面。阳光骤然照亮了蒙着薄纱似的玻璃，给它们抹上一层金黄色，沐浴在这舒适的阳光中的，仿佛不再是长久以来被雷同的生活节奏所湮没的我，而是一个更年轻的我，我陶醉在回忆之中，宛如置身于空旷的大自然，面对染成一片金黄的树丛，甚至耳边还依稀有一只鸟儿在鸣啭。这是因为我听见阿尔贝蒂娜在反复不停地哼着一支歌：

心中的忧伤本就疯疯癫癫，谁听它倾诉，谁就更加疯癫。

我会不由自主地回忆起认识阿尔贝蒂娜以前她在我身上激起的美丽的梦，这些梦，被以后的日常生活磨去了它们的光彩。

我想到了那些我们无从知晓的地方，她曾经在那儿生活过。她在那儿远离我们，不属于我们，比跟我们在一起时更快活。嫉妒的走马灯就是这样的转个不停。

阿尔贝蒂娜那双细细长长的蓝眼睛——现在更细更长了——有点变了模样；颜色依旧没变，但看上去就像是一汪清水。以致当她闭上眼睛时，你会觉得就像是合上了一道帘幕，遮蔽了你凝望大海的视线。在我脑子里留下最深印象的，大概就是她脸上的这个部位——当然这只是指每晚跟她分手时而言。因为，比如说吧，等到了第二天早晨，那头波浪起伏的秀发又会使我同样地感到惊叹不已，就像我瞧见的是一件从没见过的东西似的。不过，在一位年轻姑娘笑吟吟的目光之上，又有什么东西还能比紫黑光亮的华冠也似的一头秀发更美的呢？笑容平添了几份情意，而浓密秀发的末梢上的那些澄莹的小发卷，却更接近可爱的肌体，仿佛这就是从那儿传来的乍起的涟漪，叫人看得心旌飘摇。

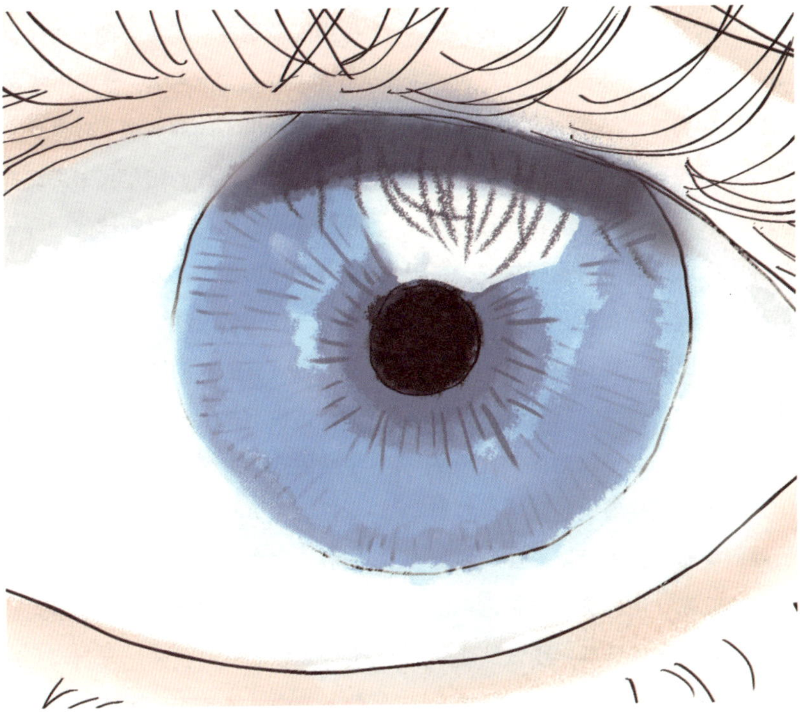

有时候，在这样的夜晚，我会使个小花招让阿尔贝蒂娜吻我。我知道，她一躺下，很快就会入睡（她也知道，所以一躺下就会自然而然地脱掉我买给她的拖鞋，还像在自己卧室里临睡前那样，把戒指褪下放在身边），还知道她睡得很深沉，醒来时显得挺香甜的，于是我借口说要去找样东西，让她躺在我的床上。等我回来，她已经睡着了，望见她此刻面对我的模样，我觉得眼前似乎是另一个女人了。不过她很快就又换了一个人，因为我挨着她躺躺下，看到的又是她的侧影了。我可以捧住她的脑袋，把它抱起来，用嘴唇去吻它，可以让她的手臂搂住我的颈脖，她依然那么睡着，犹如一只不会停摆的表，犹如一棵攀缘植物，一株兀自沿着你给它的那点支撑不断伸展枝叶的牵牛花。但我每碰她一下，她的呼吸都会有所变化，就像她是我拿在手里拨弄的一件乐器，我一会儿拨拨这根弦，一会儿拨拨那根弦，弹奏出不同的曲调。我的妒意减轻了，我觉得现在的阿尔贝蒂娜无非是个呼吸着的生物，很有规律的一呼一吸的纯粹生理功能，正好表明了这一点，呼出的气是轻轻流动的，既没有说话的深度，也没有静默的浓度，它一派天真无邪，仿佛不是从一个人体，而是从一根中空的芦苇里呼出来的，此时此刻我只觉得阿尔贝蒂娜空灵而无所依傍，不仅超脱在物质之上，而且摆脱了精神的羁绊，她的呼吸在我听来，就是天籁般的天使之歌。然而我突然想到，在这呼吸的溪流中，很可能会飘落有关人名的记忆碎屑。

要想让人爱你，既用不着真诚，甚至也用不着说谎的技巧。我说爱，其实是说一种相互间的折磨。

夜色深了；要想在阿尔贝蒂娜去睡觉之前跟她和解，相吻互道晚安，所剩的时间已经不多了。我俩谁都没跨出这一步。

第二天我醒得很早，还在睡眼惺忪的当口，喜悦的心情就告诉我，冬季里插进了一个春日。屋外，回响着为各种乐器精心谱写的市俗主题的旋律，瓷器铺掌柜的圆号，修椅子伙计的小号，还有牧羊人（在这晴朗的日子里，他就像西西里岛上的一个羊倌）的长笛，把清晨的曲调轻快地交织成一首《节日序曲》。听觉，这一令人愉快的感觉，把我们带到了街上，唤起我们对周围环境的记忆，向我们描述熙熙攘攘的街景，勾勒它它的线条，渲染它的色彩。肉店和乳品店的卷帘铁门，昨晚拉得低低的，遮蔽了所有那些女性的憧憬，如今它们高高卷起，犹如即将启航的船上轻盈的滑轮，随时准备放开缆绳，扬帆穿越透明的大海，驶入年轻女店员的梦境。倘若我住在另一个街区，倾听这卷帘铁门的声音或许就是我唯一的乐趣。但在这个街区，还有许许多多别的乐趣，让我不想睡过头而错失其中任何一种乐趣。这些街景和市声，在我眼里犹如她即将醒来的一个欢快的信号，它们在提醒我关注屋外生活场景的同时，让我越发感觉到，身边有个我愿意她待多久她就能待多久的亲爱的人儿，才是最能让我的心获得宁静的幸福。

我内心的骚动渐渐平息下来。阿尔贝蒂娜就要回来了。不一会儿我就会听到门铃声了。我感到像这样有了一个女人以后，生活不可能再像原来一样，她就要回来了，我自然得去等她，从今往后，我的全部精力，我的所有活动，都将日渐集中到让她变得更美的目标上去，这就使我有如一根茎秆，虽然在长壮，但吸取了所有积聚的养分的饱满果实沉甸甸地压在它身上。一小时前我还是满心焦虑，这会儿心头却是一片宁静，而且，阿尔贝蒂娜就要回来赋予我的这种宁静，比早晨她出门前我所感到的宁静更宽广。我依稀看见在未来的日子里，这位女友的顺从使我俨然像个主人，变得更强韧，仿佛她近在眼前的、不可避免的、恼人而又甜蜜的存在充实了我，使我变得更稳重重了，这种宁静（它使我们不必再从自身去寻找所谓的幸福）来自亲情和居家的幸福感。这种亲情和家庭的氛围，在我等待阿尔贝蒂娜时曾给我带来内心的安宁，而接下来，我在和她一起散步时又感受到了这种情感和氛围。有一小会儿，她摘下了手套，也许是要摸一下我的手，也许是要向我炫耀一下小指上的一枚戒指，在蓬当夫人送她的戒指边上的这枚戒指上，仿佛有着一片流光溢彩的晶莹的红宝石花瓣。

在我俩脚下，两人的影子平行、接近、交叠，构成一幅令人心醉神迷的图景。当然，想到阿尔贝蒂娜和我一起待在家里，想到是她躺在我身旁，我已经觉得很美妙了。但在我钟爱的布洛涅树林的大湖跟前，在树丛脚下，阳光把她的影子——她的腿和上半身轮廓纯净的影子投射到小径的细沙上，有如水彩画那般洇晕开来，就好比是把我俩在家的情景带到了室外，带到了大自然之中。我在两人影子的融合中感到一种魔力，它或许不如肉体的融合来得实际，但却是同样勾魂摄魄的。我们重又登上车子。车子调头驶上蜿蜒的小道，路旁攀满常春藤和黑莓的越冬的大树，看上去就像古老的遗迹，仿佛在将我们引向一座魔法师的住所。到了布洛涅树林的边缘，就在驶离参天大树的浓荫的当口，只见眼前豁然开朗，一片明亮，我真以为时间还早，在晚饭前还能做好些事呢，可是过了不多一会儿，当车子驶近凯旋门时，我突然间惊骇地发现，巴黎上方已升起早早露面的满月，犹如一口停摆的大钟悬在半空，提醒我们时间已经很晚了。

当天我俩在她的卧室里，面对面一起吃晚饭的时候，她那忧愁、倦怠的神情让我明白，她觉得这儿像个监狱，她心里赞成德·拉罗什富科夫人的说法，那位夫人在别人问她，住在利昂库尔这样一座漂亮的宅子里是否很开心时，回答说："一座监狱无所谓漂亮不漂亮。"起先我对此并无觉察；我还心存懊恼地在想，要没有阿尔贝蒂娜在身旁（和她在一起住旅馆，她整个白天都会跟形形色色的人交往，让我备尝嫉妒之苦），这会儿我说不定正在威尼斯的一家小餐厅里用餐呢——餐厅又低又矮，有如货轮的底舱，从镶有摩尔式边线的拱形小窗望出去，可以看见大运河。

我不知道说什么好，我不想显得很吃惊，不想让她看出她的不断撒谎已经弄得我心灰意冷。我感到恐惧，非但没想把阿尔贝蒂娜赶出去，而且有一种非常想哭的感觉。想哭，并不是因为她说谎，也不是因为我曾经确信无疑的东西，现在全都毁灭了——我仿佛置身于一座被夷为平地的城市里，没有一座房子能幸免于难，空旷的地面上只见一片片废墟。

“跟您分手让我感到非常难过。”

“我比您更难过一千倍。”阿尔贝蒂娜回答我说。

早已涌上眼眶的泪水，我觉得就要夺眶而出了。

轻微的声音传遍我的全身，使我心头乱跳，这情景就像我外婆在临终前那几天一样，当时她已经不能动弹，对任何事情都没有反应，进入了医生所说的昏迷状态，但事后我听说，当她听见我平时唤弗朗索瓦兹的三下铃声时，她像一片树叶那样颤抖了几下——尽管我在那一个星期里，生怕干扰病室的安静，揿铃的动作特别轻，但弗朗索瓦兹肯定地说，虽然我自己不知道，但我揿铃的手势跟别人不一样，所以一听就知道是我在揿铃，绝不会和别人相混。这么说，莫非现在我也到了弥留之际？莫非死亡已经在临近？

这天晚上，就像温度计的温度蹿了上去一样，晴暖的天气又往前跳了一下。春天的早晨催人早醒，我躺在床上，听见电车在馥郁的芬芳中穿行，空气中热量渐渐聚积，直至凝结得像南方地区那般致密浓郁。我的卧室里反倒比较凉快，稠腻的空气渗进以后，将盥洗室的气味、衣橱的气味和长沙发的气味隔离开来，形成三道泾渭分明的竖直的带子，相互并列而又彼此不同，半明半暗的珠光给窗帘和蓝缎扶手椅的折光平添一种清凉的意味，我从中依稀感到（这并非天马行空的想象，而是因为那确实是可能的）自己漫步在近郊某个新建的街区——有点像布洛克在巴尔贝克居住的街区，但在阳光照得人眼花的街道上，看见的不是了无生气的肉铺和白晃晃的方石，而是我兴许一会儿就要去造访的农舍餐厅，扑鼻而来的是高脚盘中的樱桃和杏子，以及苹果酒和格吕耶尔干酪的香味，各种各样的香味悬浮在凝冻般闪着幽光的阴影中，给它添上有如玛瑙那般精致的纹饰，餐桌上的棱柱形玻璃餐刀架，则在幽暗中呈现出彩虹的颜色，往桌布上投下孔雀羽饰那般美丽的斑点。

是的，到了该动身的时候了。